Selbstliebe

Lerne Dich selbst zu lieben-

dann können es auch andere

ISBN-13: 978-1536825275
ISBN-10: 1536825271

2.Auflage März/2018

Webseite: tbreise.buch-autoren.de
Email: tbreise@tbreise.buch-autoren.de
Infos zu Impressum:

T.Breise

c/o Autoren.Services

Zerrespfad 9

53332 Bornheim
Gestaltung : Martin Müller
Bilder:Pixabay GDJ Photography

Newsletter Eintrag für Neuerscheinungen,
bitte per Email Anfrage an:
newsletter@tbreise.buch-autoren.de

T. Breise

Selbstliebe

Lerne Dich selbst zu lieben-

dann können es auch andere

Inhaltsverzeichnis

Vorwort 7

Einleitung 8

Was bedeutet es, sich selbst zu lieben? 9

Warum ist Selbstachtung so wichtig? 11

Wozu soll ich etwas ändern? 13

Was macht Selbstliebe aus und warum fällt sie uns oft so schwer? 15

Woran Du erkennst, dass Du Dich nicht (immer) liebst 19

Selbstliebe verbessert Dein Leben! 25

Schritt 1: Selbstannahme 31

Übung: Konfrontation mit Deinem *Schatten*. 35

Führe Dich zu einem Date aus. 37

Schritt 2: Gefühle ehrlich zulassen 39

Gefühle zulassen 41

Übung: Atmen. 43

Wie kannst Du nun lernen, mit Deinen Gefühlen umzugehen? 44

Schritt 3: Glücklich sein 49

Schritt 4: Lebenswert(e) finden 57

Schritt 5: Lebe authentisch! 64

Soforthilfe: 10 Möglichkeiten, Dich zu lieben. 69

Selbstliebe in der Praxis 71

Selbstliebe in Deiner Partnerschaft 75

Selbstliebe und Freundschaften 79

Selbstliebe in der Familie 81

Selbstliebe am Arbeitsplatz 83

Schlusswort 87

Vorwort

Vielen Dank dafür, dass Du Dich für dieses Buch entschieden hast. Wahrscheinlich bist Du nicht zufrieden mit Dir und Deinem Leben und hast das Gefühl, etwas ändern zu wollen. Damit hast Du schon den ersten Schritt in die richtige Richtung getan. Mit radikaler Selbstliebe kannst Du Dein Leben komplett umkrempeln! Freue Dich auf eine spannende Reise voller Überraschungen, hin zu Dir selbst. Es wird kein leichter Weg, er wird holprig sein oder auch mal schmerzhaft, aber es wird sich lohnen, ihn zu gehen.

Dieses Buch soll nicht bequem sein. Es soll Dich herausreißen aus dem Hamsterrad, aus den schlechten Gewohnheiten und der Abhängigkeit! Leg es nicht weg, wenn es Dir ungemütlich wird. Je unbequemer Du Dich beim Lesen fühlst, desto mehr kannst Du ändern!

Bist Du dabei?

Einleitung

All you need is love – diesen Song der Beatles kennst Du bestimmt. Alles, was Du brauchst, ist Liebe. Das ist wahr. Natürlich sind da auch andere Dinge ohne die wir nicht leben können, Essen, Schlaf, Sauerstoff und so weiter, doch was wäre das Leben ohne die Liebe? Und damit meine ich nicht nur die Zuneigung, die Du für einen Partner, ein Kind, Deine Eltern, Deine Freunde oder Dein Haustier empfindest, sondern die Liebe für den wunderbaren, einzigartigen Menschen, der gerade diese Zeilen liest: Du selbst. Leider ist in unserer Gesellschaft das Wort *Selbstliebe* verpönt und sogar mit negativen Assoziationen belegt. Arroganz, Habsucht und Narzissmus fallen uns da ein. Natürlich wollen wir keine selbstverliebten Egomanen sein, die nur auf ihren eigenen Vorteil bedacht sind. Und darum geht es hier auch nicht. Aber worum denn dann? Warum ist es so wichtig, sich selbst bedingungslose Liebe zu schenken? Woran merkst Du überhaupt, dass Du Dir selbst keine gute Freundin oder kein guter Freund bist? Und wäre es nicht besser, einfach so weiterzumachen, wie bisher?

Okay, das sind viele Fragen auf einmal. Lass sie uns nacheinander besprechen, um Dich auf die folgenden Kapitel einzustimmen!

Was bedeutet es, sich selbst zu lieben?

Wenn Du jemanden wirklich gern hast, sei es Dein bester Freund, Deine Katze oder Deine Lebensgefährtin, wie behandelst Du ihn oder sie? Möchtest Du nicht, dass es dem Objekt Deiner Zuneigung immer gut geht? Dass er oder sie glücklich und gesund ist? Genau darum geht es auch bei der Selbstliebe. Du lernst, Dir selbst der beste Freund oder die beste Freundin zu sein. Du achtest und respektierst Dich, siehst Dich als ein liebenswertes Geschöpf und wirst alles dafür tun, diesen Zustand beizubehalten. Du wirst außerdem lernen, Dich selbst so zu akzeptieren, wie Du bist. Bedingungslose Liebe eben. Klar, auch wenn wir jemanden noch so gern haben, ist er oder sie nicht perfekt und hat Eigenschaften, die uns auf die Nerven gehen. Da bist Du keine Ausnahme. Wenn Du diese annehmen kannst und aufhörst, nach Perfektion zu streben, wird Dich das viel glücklicher machen, als Du Dir jetzt vorstellen kannst.

Warum ist Selbstachtung so wichtig?

Wenn Du zu Dir selbst eine positive Beziehung entwickelst, kannst Du Dein ganzes Leben verändern! Das mag unglaublich oder sogar esoterisch klingen, doch es ist wahr. Deine Freundschaften und Beziehungen zu anderen Menschen, Deine Arbeit, Deine Zukunft, all das wird davon beeinflusst, wie Du mit Dir selbst umgehst. Selbstachtung und Selbstliebe führen zu innerer Stärke und Selbstbewusstsein. Du bist endlich nicht mehr von der Zuneigung anderer Menschen abhängig und kannst auf einmal viel leichter auf Fremde zugehen – schließlich musst Du keine Angst mehr davor haben, zurückgewiesen oder abgelehnt zu werden. Selbstbewusste Menschen die mit sich selbst im Reinen sind, werden als starke Persönlichkeit wahrgenommen. Man begegnet ihnen mit Respekt und sie wirken attraktiv auf ihr Umfeld. Bestimmt kennst Du jemanden, der genau diese Ausstrahlung hat, oder? Das kannst Du auch erreichen! Eine gute Beziehung zu Dir selbst hat noch viele andere Vorteile und wir werden im Laufe dieses Buchs noch genauer darauf eingehen. Fürs erste halten wir fest: *Selbstliebe ist der Schlüssel zu einem glücklichen und selbstbestimmten Leben.*

Wozu soll ich etwas ändern?

Etwas zu ändern ist schwer. Du wirst vielleicht sogar hart an Dir arbeiten müssen, um eingefahrene Wege zu verlassen, doch nur so kannst Du etwas erreichen. Es wird nicht leicht, es wird unbequem und vielleicht sogar schmerzhaft, weil Du Dich alten Ängsten und Wunden stellen musst, um wirklich heilen zu können. Aber: Das bist Du wert! Du bist ein wunderbarer Mensch und hast es verdient, gut behandelt zu werden. Am allermeisten von Dir selbst! Darum solltest Du etwas ändern und zwar nicht übermorgen oder an Neujahr, sondern jetzt.

Was macht Selbstliebe aus und warum fällt sie uns oft so schwer?

Eigenliebe ist der Beginn einer lebenslangen Romanze.
– Oscar Wilde

In der Einleitung haben wir bereits eine kurze Zusammenfassung des Konzepts der Selbstliebe erfahren. Jetzt wollen wir noch ein bisschen tiefer gehen.

Wenn jemand sagt "Ich liebe mich!", dann halten wir ihn automatisch für ein selbstbezogenes (entschuldige bitte) Arschloch. Aber warum eigentlich? Weil wir Selbstliebe mit Selbstsucht und Überheblichkeit verwechseln. Narzisstische, also selbstverliebte Menschen, sind jedoch meistens auf den eigenen Vorteil bedacht und behandeln andere Menschen nicht als gleichwertige, sondern als minderwertige Geschöpfe – gerade weil sie sich selbst *nicht* lieben! Wirkliche Liebe aber ist etwas Gutes, Reines und macht uns zu einem besseren Menschen.

Selbstliebe besteht aus vielen Komponenten. Einer davon ist die **Selbstannahme** – wir lernen, uns so zu akzeptieren wie wir sind und das ist gar nicht so einfach. Selbstannahme bedeutet nicht, dass wir uns von nun ab nicht mehr ändern dürfen oder wollen. Das Gegenteil ist der Fall: Nur wenn wir uns selbst annehmen können, sind wir auch bereit, zu wachsen.

Wahre Liebe ist bedingungslos. Natürlich fällt es uns leicht, uns an guten Tagen zu lieben. Wenn uns alles gelingt, die Frisur sitzt, wir produktiv wie nie sind und einfach glänzende Laune haben. Aber was ist an den schlechten Tagen? Solche, an denen wir schon mit dem falschen Fuß aufgestanden sind und einfach alles blöd ist? Brauchen wir nicht gerade dann besondere Zuwendung? Würden wir nicht einem Freund oder Partner gerade dann besondere Aufmerksamkeit schenken, wenn es ihm oder ihr nicht so gut geht?

Oft knüpfen wir unsere Liebe zu uns selbst an Bedingungen. Vielleicht kommen Dir Aussagen wie "Ich bin erst dann glücklich, wenn ich *den perfekten Partner gefunden habe*" oder "Erst wenn ich *10 Kilo abgenommen habe*, bin ich eine wertvolle und liebenswerte Person" bekannt vor? Wir mögen uns erst dann, wenn wir dieses Ziel erreicht haben. Vorher nicht. Dabei wissen wir gar nicht, ob wir es jemals so weit bringen können. Wir sehnen uns nach einer perfekten Zukunft und verpassen dabei die Gegenwart. Wenn wir unsere Eigenliebe von solchen Bedingungen abhängig machen zeigt das nur, dass wir uns eben nicht so annehmen wie wir sind.

Zur Selbstliebe gehört auch, dass wir uns gut um uns kümmern. Wir nehmen unsere Bedürfnisse, Wünsche und Träume ernst und handeln ihnen entsprechend. Diese sogenannte Selbstachtung bezieht sich auf unsere körperliches genauso wie auf unser seelisches Wohlbefinden. Das bedeutet konkret: Wir versorgen unseren Körper mit guter Nahrung, wenn wir hungrig sind. Wir trinken ausreichend und sorgen für erholsamen Schlaf. Wir machen Pause, wenn unser Körper uns signalisiert, dass er eine braucht. Aber auch: Wir betreiben Seelenhygiene. Wenn es schlechte Erinnerungen, seelische Narben oder belastende Traumata gibt, dann bemühen wir uns, sie aufzuarbeiten – auch mit professioneller Hilfe, wenn es sein muss. Wir arbeiten an der Umsetzung unserer Träume und Wünsche und sind geduldig dabei.

Woran Du erkennst, dass Du Dich nicht (immer) liebst.

Halt Dich an Deiner Liebe fest.
– Ton Steine Scherben

Oft sind wir der Meinung, unser Leben sei schon ganz in Ordnung. Wir wollen nichts ändern, auch wenn wir manchmal dieses nagende Gefühl haben, etwas zu vermissen. Wir haben uns bequem eingerichtet und wehren alles ab, was uns aus unserer Komfortzone vertreiben könnte. Die täglichen Runden im Hamsterrad, der Stress im Job und viele andere äußere Einflüsse verhindern ganz einfach, dass wir uns den eigentlichen Problemen stellen, die wir tief in uns verborgen haben und vor denen wir uns vielleicht sogar fürchten. Nur, irgendwann kommt alles ans Licht. Entweder bricht eines Tages unsere hübsche kleine Mauer zusammen, weil unsere Beziehung endet, wir gefeuert werden oder gar krank, oder wir entschließen uns selbst, uns von innen heraus unseren Problemen zu stellen und die wahre Liebe zu uns zu entdecken.

Sei jetzt einmal ganz ehrlich zu Dir: Bist Du glücklich? Weißt Du, wer Du bist? Kannst Du Deine Meinung frei äußern oder richtest Du Dich nach den Vorstellungen anderer Menschen? Möchtest Du etwas ändern? Und wenn Du jemand anders wärst, würdest Du Dich kennenlernen wollen? Nach außen hin magst Du das Prinzip der Selbstliebe vielleicht als esoterischen Unsinn abtun, aber wenn Du total ehrlich zu Dir bist (und dabei kann Dich keiner belauschen, also sei es einfach), dann verstehst Du bestimmt, wie wichtig es ist, sich selbst zu lieben. Ein kleines Beispiel wird sicher auch die letzten Zweifler überzeugen: Stell Dir vor, Du bist mit jemandem verheiratet, der permanent an Dir herumkritisiert, der Dich beschimpft, klein macht, nicht an Dich glaubt und Dich permanent seinen unterschwelligen Hass spüren lässt. Niemand würde es in so einer Ehe lange aushalten! Nur, dass diese Person, die Dich permanent demütigt, Du selbst bist. Von Dir selbst kannst Du Dich aber schlecht scheiden lassen, darum musst Du einen Weg finden, Deine Ehe zu Dir selbst neu aufleben zu lassen. Anfangs lief doch alles noch so gut, oder...?

Mangelnde Selbstliebe und Selbstachtung haben viele Symptome. Manche davon sind unübersehbar: Süchte, selbstzerstörerisches oder selbstverletzendes Verhalten zum Beispiel. Doch meistens äußert sich die innere Selbstablehnung in kleinen Verhaltensweisen, mit denen wir unser Glück sabotieren. Das geschieht oft unbewusst. Lies Dir die folgenden Fragen mit wachem Geist durch. Welche Punkte treffen auf Dich zu?

Zwingst Du Dich, etwas zu tun, was Du eigentlich gar nicht tun willst? Das kann ein Job sein, den Du gar nicht magst und in dem Du festzuhängen glaubst, ein Studium, das Du nur für Deine Eltern absolvierst oder das Aufrechterhalten einer Beziehung, in der Du nicht mehr glücklich bist.

Wie behandelst Du Deinen Körper? Selbstliebe und Selbstfürsorge sind nicht ganz das gleiche, aber wenn Du genauer betrachtest, wie gut Du Dich um Dich selbst kümmerst, verrät das viel darüber, wie es um Deine Selbstliebe bestellt ist. Ignorierst Du essentielle Bedürfnisse Deines Körpers, wie Hunger oder Müdigkeit? Gehst Du mit einer Erkältung zur Arbeit oder gönnst Du Dir Ruhe? Rauchst Du? Wie sieht es mit Deiner Ernährung aus?

Magst Du Deinen Körper? Niemand hat einen idealen Körper und man kann auch ohne die perfekte Figur glücklich sein, selbst wenn die Medien uns unaufhörlich das Gegenteil eintrichtern. Der Druck der Gesellschaft kann unglaublich sein und wer nicht ins geltende Schönheitsideal passt läuft in Gefahr, daran kaputt zu gehen. Bitte lass es nicht so weit kommen! Du bist so viel mehr, als eine Hautfarbe, ein Geschlecht, eine Zahl auf der Waage, ein Kleidungsstil oder ein Gesicht im Spiegel. Du bist Du und Du bist einzigartig, ein Wunderwerk Deiner DNA, ein faszinierendes Geschöpf. Ich verrate Dir ein kleines Geheimnis: Wenn Du Dich und damit auch Deinen Körper lieben lernst, wird es Dir plötzlich viel leichter fallen, Dich gut um Dich zu kümmern und Du wirst Dich großartig fühlen. Versprochen!

Bist Du sehr kritisch mit Dir selbst? Keiner kann uns so sehr fertigmachen, wie wir selbst. Besonders wenn wir versagen, erhebt der innere Kritiker seine Stimme und behauptet, wir wären schlechte Menschen und hätten es nicht besser verdient. So oder ähnlich kennen wir ihn alle. Machen Dir besonders Deine Misserfolge zu schaffen? Dann lass Dir gesagt sein: Das passiert allen Menschen. Jeder macht Fehler. Ohne Ausnahme. Wenn Du Dich selbst permanent kritisierst und auf Anhieb nichts Positives über Dich sagen kannst, dann magst Du Dich selbst anscheinend nicht besonders gern. Auch übertriebener Ehrgeiz zeugt von harscher Kritik mit sich selbst.

Kannst Du Dir selbst vergeben? Verfolgen Dich manchmal Momente aus Deiner Vergangenheit, in denen Du scheinbar versagt hast? Ist es Dir immer noch unsagbar peinlich, dass Dir vor drei Jahren beim ersten Date die Kaffeetasse heruntergefallen ist? Oder sind Dir einst Fehler unterlaufen, für die Du Dich noch immer fertig machst? Ich kann es nur noch einmal sagen: Wir alle machen Fehler!!! Damit uns diese Fehler aber nicht unser ganzes Leben lang piesacken, müssen wir uns selbst vergeben!!! Nur so können wir loslassen. Vergebung gehört untrennbar zur Liebe dazu und wenn Du lernst, **Dir selbst zu vergeben**, hast Du einen wichtigen Schritt in ein erfülltes Leben getan.

Ordnest Du Deine Wünsche und Bedürfnisse denen anderer Menschen unter? Wenn Du Entscheidungen triffst, berücksichtigst Du Deine eigenen Vorlieben oder richtest Du Dich danach, was andere von Dir erwarten? Nicht nein sagen können und sich selbst immer hinten anstellen ist typisch für Menschen, die nicht auf sich achten. Doch wie willst Du etwas im Leben erreichen, wenn Du Dich nur um andere kümmerst, aber nie um Dich selbst? Natürlich ist Hilfsbereitschaft richtig und wichtig, aber wenn Du immer ja sagst, kann es leicht passieren, dass weniger nette Menschen Dich ausnutzen. Finde die richtige Balance und trau Dich, auch mal abzulehnen, wenn Du eigentlich gar nicht willst.

Selbstliebe verbessert Dein Leben!

Als ich mich selbst zu lieben begann, befreite ich mich von allem, was nicht gesund ist für mich – Nahrung, Menschen, Dinge, Situationen – und von allem, was mich herunterzieht und mich von mir wegzieht. Erst nannte ich diese Haltung einen "gesunden Egoismus". Heute weiß ich, das ist ***Selbstliebe****.*

– Charlie Chaplin

Wir haben es in der Einleitung schon einmal kurz angerissen: Selbstliebe hat viele Vorteile, die Dein Leben einfacher und erfüllender machen werden. Bist Du dagegen sehr kritisch mit Dir selbst, achtest nicht gut auf Dich oder nimmst Dich nicht als liebenswerten Menschen wahr, legst Du Dir nur unnötig Steine in den Weg und stehst am Ende frustriert und unglücklich da. Wenn Du beginnst, Dich in Selbstliebe zu üben, kann das die tollsten Auswirkungen auf Dein Leben haben. Sieh die folgende Liste als Motivation, als Grund, endlich loszulegen und die Beziehung zu Dir neu aufzurollen. Dazu ist es nämlich nie zu spät.

Dein Selbstbewusstsein steigt.

Selbstbewusste Menschen sind sich ihres Wertes als Person bewusst, sie treten sicher auf und haben innere Stärke. Sie wissen, wer sie sind und was sie wollen.

Durch Selbstliebe passiert genau das mit Dir: Du lernst, Vertrauen in Dich und Deine Fähigkeiten zu setzen und findest zu Dir selbst. Selbstbewusstsein und Selbstvertrauen haben nichts mit Arroganz oder einer übersteigerten Selbstwahrnehmung zu tun. Im Gegenteil: Diese Eigenschaften zeugen von innerer Unsicherheit. Als selbstbewusster Mensch weißt Du genau, wo Deine Stärken und Deine Schwächen liegen und akzeptierst sie so, wie sie sind.

Du bist nicht mehr davon abhängig, ob andere Leute Dich mögen und es kann Dir egal sein, was sie von Dir denken. Auf diese Weise in Dir ruhend musst Du keine Angst mehr vor Zurückweisung haben und kannst sicher und *selbst-bewusst* auf Deine Mitmenschen zugehen, Deine Meinung äußern und einfach ganz ehrlich und unverstellt Du selbst sein. Es wird Dir viel leichter fallen, Komplimente anzunehmen und anderen Leuten Komplimente zu machen. Du fühlst Dich sicher, weil Du weißt, dass Du jederzeit für Dich da sein wirst.

Du bist in jeder Hinsicht erfolgreicher.

Du kannst besser mit Misserfolgen und negativer Kritik umgehen und diese Dinge annehmen, ohne Dich verunsichern zu lassen. Du erlaubst Dir, menschlich zu sein und Du kannst mutig zu Deinen Fehlern stehen, weil Du weißt, dass sie Dich nicht weniger wertvoll machen. Dadurch verlierst Du die Angst vor dem Versagen und traust Dir im privaten und beruflichen Leben mehr zu. Es fällt Dir leichter, Deine Komfortzone zu verlassen und

Dich in neue Abenteuer zu stürzen. Du beginnst, an Dich zu glauben und in Deine Fähigkeiten zu vertrauen. Menschen die sich selbst lieben, hören viel öfter auf ihr Bauchgefühl – und das liegt meistens gar nicht so daneben!

Endlich keine emotionale Achterbahn mehr!

Durch Selbstliebe wirst Du emotional stabiler und ausgeglichener. Schließlich musst Du Dir nicht mehr Bestätigung und Zuneigung von außen holen. Dadurch hast Du geringere Erwartungen an Deine Mitmenschen und wirst demzufolge auch weniger enttäuscht. Du bist nicht mehr so oft frustriert, weil Du Dir keine Ziele mehr setzt, die Du sowieso nicht erreichen kannst und einfach insgesamt entspannter. Dank der emotionalen Stabilität und dem verstummenden inneren Kritiker weicht auch die Angst vor der Einsamkeit. Du kannst mit Dir selbst allein sein, ohne Dich einsam, traurig oder niedergeschlagen zu fühlen – ganz einfach, weil Du mit Dir selbst ins Reine gekommen bist.

Du behandelst Dich gut und achtest auf Dich.

Selbstliebe bedeutet auch, dass Du Verantwortung für Dein körperliches und seelisches Wohlbefinden übernimmst. Du ernährst Dich gesund, bewegst Dich ausreichend, schläfst genug und hörst auf Deinen Körper. Du beginnst, Dich mit Menschen und Dingen zu umgeben, die Dir gut tun. Dein Leben ist weniger anstrengend, weil Du nicht mehr nach der Anerkennung

Deiner Mitmenschen hungerst, Dich weniger mit ihnen vergleichst oder Dich zwingst Dinge zu tun, die eigentlich gar nicht gut für Dich sind. Auch die eben erwähnte emotionale Stabilität trägt zu einem verminderten Stresslevel und damit zu einer besseren Gesundheit bei.

Toleranz und Vergebung fallen Dir auf einmal ganz leicht.

Du hast gelernt, Deine eigene Menschlichkeit anzunehmen und es fällt Dir zunehmend leichter, anderen Menschen ihre Fehler zu verzeihen – weil sie genauso wie Du nicht perfekt sind. Gleichzeitig wirst Du staunen, wie sehr Du Dich auf einmal für Deine Mitmenschen freuen kannst und wie ehrlich diese Freude ist, wenn nicht mehr unterbewusst Neid, Eifersucht oder Missgunst mitschwingen.

Deine Freundschaften und Beziehungen erreichen ein ganz neues Level.

Deine wachsende Liebe zu Dir selbst lässt Dich auch andere Menschen mehr lieben. Du brauchst nicht mehr um Zuneigung zu betteln und machst Deinen Partner oder Deine Freunde nicht mehr dafür verantwortlich, Dich glücklich zu machen. Du kannst jetzt aus Dir selbst heraus glücklich sein, dieses wunderbare Gefühl mit Deinen nächsten Menschen teilen und gemeinsam mit ihnen wachsen! Wenn Du Deine Reise in eine großartige

Liebe zu Dir selbst beginnst, wird es sicher auch skeptische Stimmen in Deinem Umfeld geben. Menschen, die damit nichts anfangen können, werden das Konzept der Eigenliebe als unsinnigen Quatsch abtun oder versuchen, Dich zu beeinflussen. Lass sie reden. Das hat nichts mehr mit Dir zu tun. Übrigens werden Dich Dein neues Selbstbewusstsein und Deine erwachende Selbstsicherheit auf einmal attraktiver auf Deine Mitmenschen wirken lassen. Getreu dem Motto "Wie man in den Wald hineinruft, so schallt es heraus" ziehst Du auf einmal Menschen an, die auf dem gleichen Weg unterwegs sind, wie Du.

Schritt 1: Selbstannahme

Die schlimmste Einsamkeit ist die, sich mit sich selbst nicht wohlzufühlen.
– Mark Twain

Dein allererster Schritt hin zu mehr Selbstliebe und damit auch einem stärkeren Selbstbewusstsein ist die Selbstannahme. Das ist nur logisch, lieben kannst Du nur, was Du auch akzeptierst, oder? Wie jede neue Beziehung beginnt auch diese brandneue Romanze mit Dir selbst mit einer intensiven Phase des Kennenlernens. Natürlich weißt Du schon wer Du bist – Name, Alter, Beruf, die üblichen Kennzahlen eben. Aber kennst Du Dich wirklich mit all Deinen Facetten? Und kannst Du ehrlich und aus tiefstem Herzen heraus sagen: "Ich akzeptiere mich mit all meinen Macken, Stärken und Schwächen, und bin okay genauso wie ich bin!". Geht noch nicht? Das macht nichts, ich zeige Dir, wie Du diesen Punkt erreichen wirst.

Mangelnde Selbstannahme äußert sich in Gedanken und Gefühlen, die wir wahrscheinlich alle kennen: "Ich bin nicht gut genug. Ich bin zu dick. Ich bin hässlich. Ich bin dumm. Ich bin faul. Ich schaffe das nie. Ich bin peinlich. Niemand darf merken, dass ich so fühle, ich darf so nicht fühlen, ich muss anders sein. Ich schäme mich." Um diese schlechten Meinungen über Dich selbst (ja, es sind nur Meinungen, auch wenn sie Dir gerade wie unumstößliche Fakten erscheinen mögen) aufarbeiten und letztlich loslassen zu können, kann es wichtig sein herauszufinden, warum Du so ein schlechtes Selbstbild hast.

Der Grund dafür liegt – man ahnt es schon – in unserer Kindheit. Als Kinder können wir uns selbst nur soweit akzeptieren, wie wir uns von unseren Bezugspersonen angenommen fühlen. Ein Kind, das von seinen Eltern permanent kritisiert wird und ständig das Gefühl vermittelt bekommt, nicht gut genug zu sein, wird es schwer haben, zu einem selbstbewussten Erwachsen heranzuwachsen, der sich in seiner Haut wohl fühlt.

Wenn Du in Deiner Kindheit lernst, das Zuneigung an bestimmte Bedingungen geknüpft ist, hast Du später vielleicht das Gefühl, Dir Liebe *verdienen* oder *erarbeiten* zu müssen – Du musst etwas dafür tun und bist es nicht wert, einfach um Deiner selbst willen geliebt zu werden. Auch Kinder, die in einem gleichgültigen oder konfliktbeladenen Umfeld aufwachsen, die systematisch bestraft wurden, oder deren Eltern selbst ein niedriges Selbstbewusstsein haben, werden als Erwachsene Probleme haben, sich annehmen und lieben zu können oder das Gefühl haben, etwas sei mit ihnen nicht in Ordnung.

Das gleiche gilt für Menschen, die bereits als Kinder gemobbt wurden oder schon früh als "Außenseiter" galten. Neben den Eltern sind es auch andere Leute – Freunde, Erzieher, Lehrer, Geschwister, Verwandte usw. – die im Laufe unseres Heranwachsens ihre eigenen Selbstzweifel unbewusst an uns auslassen und so ihren

Anteil daran haben, dass wir uns unzulänglich fühlen. Und auch wir sind nicht ganz unschuldig daran, dass unsere Mitmenschen Probleme damit haben, sich zu akzeptieren. Schließlich sind wir alle nur Menschen!!!

So entsteht ein *Schatten*, der aus Verhaltensweisen und Persönlichkeitsteilen besteht, die wir in unser Unterbewusstsein verdrängt haben. Diese zu hinterfragen ist nicht leicht – auch wenn sie objektiv betrachtet total unlogisch sind. Schließlich haben sie sich aus dem Blickwinkel eines Kindes entwickelt, für das sie einst Sinn ergaben. Damit Du Dich selbst annehmen kannst, ist es für Dich als allererstes wichtig, die Quellen Deines schlechten Selbstbildes zu identifizieren.

Der nächste Schritt ist **Verständnis**. All die selbstverleugnenden Verhaltensweisen mit denen Du versucht hast, Zuneigung, Respekt und Liebe zu erhalten, das hast Du ja nicht mit Absicht gemacht, sondern weil Du es nicht besser wusstest. Und das ist völlig okay! Wir alle sind nur ein Produkt unser Gene, unserer Erziehung und unserer Umwelt und Du hast sicher im Rahmen Deiner Möglichkeiten immer das Beste für Dich im Sinn gehabt – es war Dir gar nicht möglich, anders zu handeln. **Habe Mitgefühl (nicht Mitleid!) mit Dir.**

Hab keine Angst davor, alle Aspekte Deiner Persönlichkeit, die vermeintlich guten wie die vermeintlich schlechten, hervorzuholen und zu betrachten. Sieh sie Dir mit offenen Augen an, Deine Narben, Ecken und Kanten, Deine hübschen Seiten, aber auch die Abgründe, die bösen Fantasien und die Wut. Alles das ist ein Teil von Dir und hat Dich zu dem

Menschen gemacht, der Du bist – **und Du bist genau richtig so**.

Indem Du erkennst, woher diese Schatten kommen, wirst Du verstehen, warum Du so denkst, fühlst und handelst, wie Du es tust. Mit der Zeit wird dieses Verständnis wachsen. Mach Dir immer wieder klar, dass Du im Großen und Ganzen okay bist und das alles mit Dir stimmt. Langsam werden die inneren Zweifel und Vorurteile verschwinden und der Schatten verblassen.

Erweitere Deine Gedanken über Dich selbst. Lass ganz bewusst auch solche zu, die Dir peinlich erscheinen. **Vergib Dir Deine Schwächen und Fehler**, sie sind ein Teil von Dir und nichts, wofür Du Dich schämen müsstest.

Denk daran: Der Weg zur Selbstakzeptanz und letztendlich zur Selbstliebe führt ausschließlich über Mitgefühl, Verständnis und Vergebung. Mit Schuldzuweisungen und harscher Selbstkritik erreichst Du nichts, außer noch größerer Selbstablehnung. Ich will Dir keine Illusionen machen: Bis Du tief Luft holen und laut und ehrlich sagen kannst "Ich bin okay so, wie ich bin!" wird es ein langer, steiniger und schmerzhafter Weg sein. Es wird nicht leicht, aber es lohnt sich! Wenn Du alle verdrängten Teile Deines Selbst annehmen kannst, wirst Du Dich eins mit Dir fühlen und Ruhe finden.

Übung: Konfrontation mit Deinem *Schatten*.

Beantworte die folgenden Fragen mit allergrößter Ehrlichkeit. Schreib Dir die Antworten auf.

Was magst Du an Deinem Körper nicht?

Welche Charakterzüge und Eigenschaften Deiner Persönlichkeit gefallen Dir nicht?

Welche Gedanken wiederholst Du immer wieder, obwohl Du genau weißt, dass sie Dich runterziehen?

Gibt es Ereignisse in Deiner Vergangenheit, die Du Dir nicht verzeihen kannst? Warum nicht?

In welchen Situationen machst Du Dich kleiner, als Du bist?

Sabotierst Du Dein Glück?

Das sind sie also, die schwelenden Konflikte, die Du mit Dir selbst austrägst. Wie fühlt es sich an, sie nun offen vor Dir zu sehen?

Stelle Dir diese Fragen immer mal wieder und beobachte, wie sich Deine Antworten im Laufe Deiner stetigen Reise zu Dir selbst verändern werden. Betrachte sie als Dokumentation Deiner wachsenden Selbstannahme!

Akzeptanz bedeutet übrigens nicht *stehen-bleiben*, auch wenn es manchmal so gedeutet wird. Im Gegenteil: Nur indem Du die Realität annimmst, kannst Du wachsen. Selbstakzeptanz ist der feste Grundstein jeglicher Entwicklung!

Führe Dich zu einem Date aus.

Überrasche Dich mit einem ganz besonderen Rendezvous – ganz für Dich allein, ohne Ablenkung und mit viel Zeit. Lege einen konkreten Termin fest, an dem Du mit Dir ausgehst. Besuche einen Ort, an dem Du noch nie warst, aber auf den Du schon lange neugierig bist. Plane die Unternehmung in Ruhe und freue Dich darauf! Beobachte, wie Du Dich verhältst und was Du Dir zu erzählen hast. Solch besondere Ich-Zeit wird Deinen Alltag und Deine Beziehung zu Dir selbst ungemein bereichern!

Ganz wie auch am Anfang eines Paar-Dates bist Du vielleicht zunächst nervös oder weißt auf einmal nicht, wohin Du Deine Hände tun sollst. Vielleicht beobachten die anderen Besucher Dich und glauben, Du seist versetzt worden? Entspann Dich! Erstens weißt Du gar nicht, was in den Köpfen anderer Leute vor sich geht und zweitens kann es Dir auch egal sein. Du bist mit einer wertvollen Person verabredet und wirst ihr Deine ungeteilte Aufmerksamkeit widmen. Du wirst sehen, nach einer Weile fühlt es sich gar nicht mehr so komisch an.

Nimm Dir regelmäßig Zeit für ein solches Rendezvous mit Dir. Baue aber auch kleine Aufmerksamkeiten in Deinen Alltag ein. Gönne Dir ein heißes Bad, lies ein gutes Buch im Bett, mach einen Spaziergang, geh zum Yoga oder koch ein tolles Essen nur für Dich. Kurz: Tu etwas, was Dir gut tut. Schenke Dir Zeit mit Dir. **Stell**

Dich vor den Spiegel und sag Dir, wie schön, wunderbar, einmalig Du Dich findest.

Schritt 2: Gefühle ehrlich zulassen

Aber Gefühle können nicht ignoriert werden, so ungerecht und unangenehm sie auch sein mögen.
– Anne Frank

Emotionen können manchmal furchtbar kompliziert sein. Sicher haben wir uns alle schon einmal gewünscht, sie besser kontrollieren oder unterdrücken zu können. Gerade in unserer modernen Gesellschaft ist Emotionalität nicht gern gesehen – in einer auf Leistung ausgerichteten Welt gelten Gefühle als Schwäche, während rationales, *vernünftiges* Denken erwünscht ist. So jedenfalls scheint es manchmal. Als Kinder drücken wir alle Gefühle noch ganz ungefiltert und ehrlich aus. Schnell jedoch orientieren wir uns an unserem Umfeld und lernen, Emotionen zu verbergen. Oder wir wurden für einen Gefühlsausbruch bestraft. Diese Erfahrungen bleiben an uns haften und werden zur Maske, mit der wir jeden Tag unser *wahres Ich* verbergen. Besonders unangenehme Gefühle wie Traurigkeit, Scham oder Hilflosigkeit werden unterdrückt, weil wir Angst haben, von unseren Mitmenschen unserer Emotionalität wegen abgelehnt oder verurteilt zu werden.

Und hier kommt die Selbstliebe ins Spiel! Wenn wir unseren Körper und unsere Persönlichkeit akzeptieren, dann können wir auch lernen, unsere Gefühle anzunehmen und mit ihnen umzugehen. Ganz ohne Angst!

Emotionen zu unterdrücken raubt uns viel Kraft, die dann an anderer Stelle fehlt. Das kann uns auf Dauer sogar krank machen! Darum werden wir uns nun damit beschäftigen, wie wir am besten mit unseren Gefühlen umgehen können. Gefühle geben unserem Leben doch erst die richtige Würze. Vielleicht mag es anfangs verlockend klingen, nie mehr traurig sein zu müssen, doch was wäre dann noch Freude?
So wie Licht Dunkelheit braucht, brauchen wir die volle Spannweite unserer Gefühlswelt. Sobald wir lernen, unbequeme Gefühle zuzulassen, nehmen wir die schönen Emotionen auf einmal viel bunter und intensiver wahr als zuvor.

Eins gleich vorneweg: Negative Gefühle gibt es nicht. Gefühle sind einfach nur. Punkt. Alles andere ist unsere subjektive Bewertung. Ist uns ein Gefühl unangenehm, so bewerten wir es negativ. Umgekehrt ist es genauso. Eigentlich logisch, oder? Falsch können nur die Handlungen sein, die wir im Affekt unserer Emotionen tun. Beispielsweise ist es nicht falsch, Hass zu empfinden, doch jemanden deswegen zu schlagen, ist sehr wohl ein Fehler.

Gefühle zulassen

Als allerersten ist es wichtig dass Du lernst, wie Du ganz konkret Gefühle zulassen kannst, ohne sie in Dich hineinzufressen oder Angst vor ihnen zu haben. Das geht ganz einfach, indem Du Dich auf Deine körperliche Reaktion konzentrierst. Wie fühlt sich Dein Körper an, wenn Du Angst hast? Vielleicht wird Dir flau im Magen, Deine Hände werden feucht oder Du kriegst einen Schluckauf?

Egal um welche Emotion es geht, Du nimmst eine Beobachterrolle ein. Auf diese Weise siehst Du einfach nur zu, ohne wie sonst gegen das Gefühl anzukämpfen. Denn das unangenehme ist letztendlich nicht das Gefühl selbst, sondern Deine Reaktion darauf.

Sei einfach präsent, beobachte, spüre und *bewerte nicht*! Um das zu lernen, ohne sofort wieder in einen inneren Monolog zu verfallen, kann Meditation Dir ein wichtiges Werkzeug sein.

Manchmal werden wir aber auch zum Spielball unserer Gefühle. Sie brechen ganz plötzlich über uns herein und wir sind ihnen scheinbar wehrlos ausgeliefert.

Auch für diesen Fall gibt es ein paar wirkungsvolle Strategien. Zunächst einmal ist es wichtig, ruhig zu bleiben. Bestimmte Atemtechniken helfen Dir dabei, Dich nicht mitreißen zu lassen und im Augenblick zu bleiben. Sie geben Dir Kontrolle zurück und helfen Dir, Dich zu entspannen.

Übung: Atmen.

Atme ein und zähle dabei bis fünf. Halte den Atem für fünf Sekunden an und atme dann weitere fünf Sekunden lang aus.

Zähle Deine Atemzüge: Einatmen (1), Ausatmen (2), Einatmen (3) usw. bis Du bei 10 angekommen bist. Dann fang wieder von vorne an.

Wiederhole die jeweilige Übung solange, bis Du Dich ruhiger fühlst.

Wie kannst Du nun lernen, mit Deinen Gefühlen umzugehen?

Benenne, was Du gerade fühlst! Wörter dafür gibt es viele, doch um die Sache so einfach wie möglich zu gestalten, musst Du Dich nur zwischen einer der folgenden vier Emotionen entscheiden: Angst, Trauer, Ärger oder Freude.

- **Angst**: Du fragst Dich "Was wäre, wenn...?". Was wäre, wenn Du Deinen Job verlierst? Was wäre, wenn Dein Partner Dich verlässt? Was wäre, wenn Dich an der Uni niemand mag? Alle diese Gedanken betreffen Deine Zukunft.

- **Trauer**: Du denkst an etwas, was Du nicht ändern kannst, etwa ein vergangenes Ereignis. Du bist müde, fühlst Dich schwer und kannst Dich nur schlecht konzentrieren.

- **Ärger** ist die Reaktion, wenn Du Dich und Deine Werte angegriffen fühlst.

- **Freude** fühlst Du, wenn Du an etwas denkst, das Du erreicht hast.

Schon das Einordnen Deines Gefühls in eine der vier Kategorien hilft Dir dabei, im Moment zu bleiben und

Dich nicht mitreißen zu lassen. Nun versuchst Du herauszufinden, was die Botschaft Deines Gefühls ist. Dazu beantwortest Du die folgenden Fragen:

- **Angst:** Wovor fürchte ich mich?
- **Trauer:** Was habe ich verloren?
- **Ärger:** In welcher Weise wurde ich verletzt?
- **Freude:** Was habe ich erreicht?

Hast Du einmal Dein Gefühl benannt und herausgefunden, was es Dir mitteilen will, ist der Moment gekommen, etwas zu tun. Finde heraus was Du tun kannst, um Deine Situation zu verändern. Sorgst Du Dich zum Beispiel darum, eine wichtige Prüfung nicht zu bestehen, kannst Du Lernmaterial zusammentragen, Freunde bitten, Dir beim Lernen zu helfen, hilfreiche Bücher in der Bibliothek ausleihen oder Dir Videos zum Thema bei YouTube ansehen. Indem Du aktiv die Umstände veränderst, bist Du Deiner Angst nicht mehr hilflos ausgeliefert.

Aber nicht immer kannst Du etwas tun, um die Situation zu verbessern. Doch selbst dann gibt es Möglichkeiten, mit Deinen Gefühlen umzugehen. Du kannst mit einer Vertrauensperson über Deine Empfindungen sprechen, sie in einem Tagebuch aufschreiben, Sport treiben, kreativ werden oder eine Gesprächstherapie beginnen.

Entwickle Deine ganz eigenen Strategien und finde heraus, was Dir gut tut (und gesund ist!).

Unangenehme Gefühle verwandeln

Im Moment zu leben und ganz präsent zu sein ist sehr hilfreich, wenn es um das Zulassen von Gefühlen geht. Doch Du kannst noch mehr! Unsere Gedanken und Gefühle sind untrennbar miteinander verknüpft und **Deine Gedanken kannst Du beeinflussen**.

So hast Du es selbst in der Hand, **unschönen Empfindungen ihre Macht über Dich zu nehmen**. Welches Gefühl ein Ereignis oder eine Wahrnehmung bei Dir auslöst, hängt nämlich nicht mit dem Ereignis selbst zusammen, sondern damit, **wie Du es bewertest**.

Ein Beispiel: Alle Menschen fühlen Schmerz, wenn sie sich in den Finger schneiden, doch nicht alle Menschen fühlen sich verletzt, wenn man "Du Arsch" zu ihnen sagt – einfach, weil sie die Worte unterschiedlich bewerten. Mit der Zeit wirst Du realisieren, dass es ganz an Dir liegt, wie Du Dich fühlst. Zwar kannst Du Dein Temperament nicht ändern, doch Du kannst lernen, in schwierigen Situationen anders zu handeln.

- Niemand verursacht Deinen Ärger, Deine Wut, Deinen Hass (aber auch Dein Glück!), als Du selbst.

- Es ist nicht Deine Schuld, wenn sich jemand schlecht fühlt.

- Indem Du herausfindest, warum Du Dich ärgerst und Deine Gedanken veränderst, kannst Du wirklich glücklich werden!

Wir alle reagieren auf bestimmte Dinge besonders sensibel und emotional. Das sind quasi unsere *Hot Buttons*. Wenn Du zum Beispiel einen Mitbewohner hast, der nicht gern den Abwasch macht, wirst Du Dich jedes Mal mehr darüber aufregen, wenn wieder schmutziges Geschirr in der Spüle steht. Doch wie kannst Du solche Situationen besser meistern? Der erste Schritt ist, wie immer, Deinen *Hot Button* zu identifizieren.

- Übernimm Verantwortung für Deine Reaktion. Es ist Dein Gefühl. **Niemand ist daran Schuld, dass Du Dich so fühlst, wie Du es tust.** Vielmehr sind es eingefahrene Gedankenmuster, die sich angesichts Deines *Hot Buttons* immer wieder abspielen.

- Benenne Deine Empfindungen: Ärger, Wut, Angst usw.

- Hör auf, Dich selbst zu bemitleiden. Du bist nicht das Opfer in dieser Situation.

- Lass Deine Gefühle zu und ergründe sie.

- Und da hast Du Deinen *Hot Button*!

In Zukunft wirst Du, wann immer Du wieder in das alte Muster gerätst und mit einem bestimmten Gefühl reagierst, gleich wissen, warum das so ist und Dich daran erinnern, Verantwortung dafür zu übernehmen. Mit der Zeit wirst Du weniger stark auf Deine *Hot Button* reagieren.

Indem Du Deine Gefühle zulässt, sie annimmst und Verantwortung für sie übernimmst, wirst Du glücklicher.

Du erfährst emotionale Freiheit und hast mehr Energie für andere Dinge im Leben. Endlich musst Du Dich nicht mehr verstellen oder Deine Emotionen betäuben. Und Du lernst, auf Deine Gefühle zu vertrauen – sie werden Dein Wegweiser in die richtige Richtung.

Schritt 3: Glücklich sein

Man weiß selten, was Glück ist, aber man weiß meistens, was Glück war.
– Françoise Sagan

Was ist eigentlich Glück? Wann bist Du glücklich?

Wir alle streben nach Glück, doch eine pauschale Antwort auf die Frage danach gibt es nicht. Jeder Mensch hat eine andere Auffassung von Glück. Manchmal verwechseln wir aber auch Glück mit Sinn. Der Sinn des Lebens ist eben weniger greifbar, als das Lebensglück – davon haben wir eher eine Vorstellung.

Der Philosoph Wilhelm Schmid hat den Glücksbegriff in drei verschiedene Arten unterteilt.

Da wäre zunächst das **Zufallsglück**. Wir haben Glück, wenn wir Geld auf der Straße finden, im Lotto gewinnen oder uns der umstürzende Baum auf der Straße ganz knapp verfehlt. Ob das jetzt Schicksal ist oder Gottes Plan für uns sei einmal dahingestellt – es handelt sich immer um Ereignisse, auf die wir keinerlei Einfluss haben.

Wir können uns zwar für diese Art glücklicher Zufälle öffnen, wer nicht Lotto spielt, wird auch nicht den Jackpot knacken, aber mehr können wir nicht tun.

Die Definition des **Wohlfühlglücks** kommt dem allgemeinen Glücksverständnis schon näher. Wir fühlen uns gut und haben Spaß, unser Gehirn schüttet literweise Glückshormone aus, wir befinden uns in einer Art Glücksrausch.

In dieser Glücksform haben nur solche Gefühle Platz, die als positiv bewertet werden. Unangenehme Empfindungen werden verdrängt. Werbung und Medien suggerieren uns oft, Wohlfühlglück sei das wahre Glück und so jagen wir ihm hinterher – dabei ist es kurzlebig und wird in Momenten bemessen, die meist nicht wiederholbar sind.

Natürlich hat das Wohlfühlglück seine Berechtigung: Der Duft des Kaffees am Morgen, eine schnurrende Katze auf unserem Schoß, ein strahlender Sonnenuntergang. Wir können unser Bewusstsein für solche Glücksmomente schärfen und mit ein wenig Erfahrung kennen wir die Zutaten für solch einen stimmigen Moment – doch sobald wir diese Momente nicht optimieren sondern maximieren wollen und dabei jedes negative Gefühl, jede Unstimmigkeit ausmerzen, wird die Jagd nach der ständigen Lust zu unserem Unglück.

Überall wird uns propagiert Wohlfühlglück empfinden zu müssen: "Kauf unser Produkt und Du wirst glücklich!". Auf Blogs, Facebook und Instagram scheinen sich nur Leute zu tummeln, die permanent happy sind und deren Leben aus einem einzigen Serotoninrausch zu bestehen scheinen. Sich davon zu lösen ist nicht leicht.

Nach Schmids Meinung besteht die Kunst darin, die Zeit ohne Wohlgefühl eben nicht nur als unerwünschte Flaute zwischen zwei Glückszuständen zu sehen, die rasch überbrückt werden muss. Nein, diese Zeit gehört genauso dazu und wir brauchen diesen Gegensatz, das Negative, den Schmerz, um überhaupt erst wahres Glück erfahren zu können. Schmid nennt es: **Das Glück der Fülle**.

Diese dritte Glücksart ist allumfassend – es schließt die positiven Momente genauso ein, wie die schmerzhaften, traurigen und grauen Dinge, die zum Leben unabwendbar dazugehören. Es wird immer Streit und Krieg geben, Terroranschläge, Krankheiten und Tod. Dagegen können wir nichts tun und selbst wenn wir damit hadern und uns querstellen, es wird sich nichts ändern.

Indem wir das Glück als Fülle sehen, als immer neue Balance zwischen den Gegensätzlichkeiten des Lebens, sind wir weder vom zufälligen noch vom kurzweiligen Glück abhängig – obwohl wir natürlich auch diese beiden Glücke brauchen.
Das Leben ist eben nicht ein einziger Höhenflug, sondern gleicht eher den Wellen auf dem Meer oder dem natürlichen Kreislauf der Natur. Dadurch, dass Du die negativen Emotionen, wie im vorigen Kapitel besprochen, bewusst zulässt, erhältst Du eine Art Kompass. Sie geben Dir die Möglichkeit, immer wieder in Dich hinein zu lauschen, Deinen Weg zu hinterfragen

und eventuell neu auszurichten. Du verrennst Dich nicht mehr, sondern bist achtsam und bewusst unterwegs.

Kennst Du Deine Bedürfnisse?

Alle Menschen haben Sehnsüchte, Wünsche, Triebe und Bedürfnisse, die nach Erfüllung drängen – passiert dies, sind wir glücklich.

Wenn wir uns unserer Bedürfnisse nicht bewusst sind und sie dementsprechend auch nicht befriedigen können, geht es uns nicht gut. Wir sind unzufrieden und nervös, etwas scheint nicht mit uns zu stimmen. Schlimmer noch: Unerfüllte Bedürfnisse suchen sich in destruktivem Verhalten einen Weg. Wenn Du also herausfindest, **was Du brauchst und Dich gut um Dich kümmerst**, lernst Du Deine Gefühle noch besser kennen (und annehmen) und **praktizierst pure Selbstliebe!**

Es gibt ganz verschiedene Ansätze, Bedürfnisse zu erklären oder einzuordnen, etwa die Maslow'sche Bedürfnispyramide oder die Bedürfnis-Matrix nach Manfred Max-Neef. Relativ einfach zu verstehen ist das Modell des Psychologen Hans-Georg Häusel.

Ihm zufolge stehen die grundlegenden Vitalbedürfnisse nach Sauerstoff, Nahrung und Schlaf im Zentrum unseres Handelns. Klar, würden wir diese Triebe nicht empfinden, könnten wir nicht leben. Doch es gibt noch weitere, beinah ebenso essentielle Emotionssysteme, so nennt Häusel sie, die in uns wirken und derer wir uns oft gar nicht bewusst sind. Er teilt sie in drei Kategorien ein:

Balance: Dazu gehören in erster Linie der Wunsch nach Sicherheit, Ordnung, Stabilität und Harmonie, sowie das Streben nach Bindung in einer sozialen Gruppe (Familie, Freunde, Partnerschaft) und die Sehnsucht nach Fürsorge. Letztere ist essentiell für das Überleben des Nachwuchses, wir lassen sie aber auch unseren Freunden, Partnern, Verwandten und anderen Lebewesen zukommen. Wir bemühen uns, ein einmal ausbalanciertes System im Gleichgewicht zu halten. Kommt die Balance abhanden, verspüren wir Angst.

Stimulanz beinhaltet unsere Neugier, unseren Lebenshunger, unseren Forschungsdrang, sowie das Bedürfnis nach Wachstum und Entwicklung. Wir wollen spielen, Sinnesreize erleben und zu Abenteuern aufbrechen und verspüren den Drang nach Erregung und Ekstase. Bleibt dieses Emotionssystem unerfüllt, langweilen wir uns.

Dominanz ist der Antrieb des Fortschritts. Wir möchten unser Umfeld mitbestimmen, Recht haben, uns ausbreiten und durchsetzen. Unerfüllte Dominanz führt zu Frust, Ärger und Depression.

Der Autor Veit Lindau verfeinerte diese Kategorien noch und ergänzte sie um **Nähe**, **Wachstum**, **Dienen** und **Transzendenz**.

Wir alle werden von diesen sieben Hauptbedürfnissen angetrieben, jedoch nicht von jedem gleich stark. Häusel vermutet, dass jeder Mensch einen Schwerpunkt hat und leitet daraus verschiedene Persönlichkeitstypen ab, etwa den Abenteurer (Stimulanz und Dominanz) oder den Traditionalisten (Sicherheit, geringe Zukunftsorientierung).

Finde heraus, wie Du tickst!

Wie wichtig ist Dir Sicherheit?

Sehnst Du Dich nach Nähe?

Wie neugierig bist Du?

Was für ein Umfeld brauchst Du, um Dich entfalten zu können?

Um herauszufinden, welche Bedürfnisse Dich antreiben, kannst Du rückwärts vorgehen. Wenn Du etwas tust, dann ergründe die Ursache dafür.

Welches Bedürfnis hast Du mit Deiner Handlung zu erfüllen versucht?

Denk daran: Niemand anders ist für Dein Glück verantwortlich, als Du selbst.

Nur Du kannst wissen, was Du brauchst und welche Bedürfnisse Du hast und nur Du kannst sie Dir erfüllen. Mit dieser Einstellung wirst Du wesentlich entspannter durchs Leben gehen, Dich und Deine Mitmenschen besser verstehen können, leichter vergeben können und erfüllende Beziehungen führen.

Sei egoistisch!

Wenn Du Deine Bedürfnisse erkundest und dafür sorgst, dass es Dir gut geht, wirst Du vielleicht von anderen Menschen als egoistisch wahrgenommen werden. Leider verbinden wir mit diesem Wort nichts Gutes, sondern denken an unfreundliche, rücksichtslose Zeitgenossen, die nur etwas tun, wenn sie selbst davon profitieren. Doch eigentlich ist Egoismus wichtig und gesund – wer egoistisch handelt, kümmert sich um sich selbst, stellt seine eigenen Wünsche in den Vordergrund und achtet auf sich.
Das alles sind Eigenschaften eines Menschen, der sich liebt. Und wer sich liebt, der ist glücklich! Die Welt braucht sogar noch mehr egoistische, sich liebende, glückliche Leute!
Glückliche Menschen tendieren nämlich dazu, sich mehr um ihre Mitmenschen zu kümmern. Sie helfen gern, sind kreativ, freundlich und gehen eher auf Fremde zu. Wenn Du egoistisch dafür sorgst, glücklich zu sein, trägst Du

einen kleinen Teil dazu bei, unsere Erde zu einem besseren Ort zu machen.

Schritt 4: Lebenswert(e) finden

Im Stande zu sein, nach seinen inneren Werten zu leben und sich dabei wohl zu fühlen, das ist wahrer Wohlstand.
– Manfred P. Zinkgraff

Um zu verstehen warum es so wichtig ist, die eigenen Werte zu finden, beschäftigen wir uns zunächst mit der Frage, was Werte eigentlich sind.

Werte sind unser innerer Kompass. Mit ihrer Hilfe bewerten wir, ob unser eigenes Handeln oder das anderer Menschen in unseren Augen richtig oder falsch, gut oder schlecht ist. Verstoßen wir gegen unsere eigenen Werte, fühlen wir uns schlecht. Auch wenn wir entgegen unserer Wertvorstellungen handeln, geht es uns nicht gut. Beispiele für Werte sind Ehrlichkeit, Toleranz, Treue oder Loyalität.

Am Anfang unseres Lebens orientieren wir uns an den Wertvorstellungen der Menschen, die uns erziehen, später kommen immer weitere hinzu. Das geschieht ganz automatisch, darum sind sie auch so tief in unserem Unterbewusstsein verankert.

Doch oft übernehmen wir die Werte anderer, ohne dass wir sie je hinterfragt oder wirklich verinnerlicht haben.

Wer sich seiner Werte nicht bewusst ist, wird beeinflussbar und taumelt orientierungslos durch sein Leben. Ihm fehlt der innere Lotse auf dem Weg in seine wahre Selbstverwirklichung.

Kannst Du wirklich sagen, was Deine Werte sind? Vielleicht denkst Du noch an die eben genannten Begriffe, weil das eben die Werte sind, die *man* haben sollte (wer immer das ist). Doch erst wenn Du weißt, welche Eigenschaften Du als wertvoll erachtest, kannst Du ihnen entsprechend handeln und Deinem Leben einen Sinn geben. Ansonsten sabotierst Du Dich nur selbst und wirst Dich unzufrieden und unglücklich fühlen, ohne den Grund dafür zu kennen.

Wenn Du zum Beispiel mit jemandem in einer Beziehung lebst, der Deine (Dir zu diesem Zeitpunkt noch unbewussten) Werte regelmäßig verletzt, wird Dich diese Verbindung nicht erfüllen oder Du empfindest sie als unstimmig, bis sie zerbricht. Auch Dein Beruf sollte mit Deinen Wertvorstellungen konform gehen, schließlich macht er einen großen Teil Deines Lebens aus.

Wie also, fragst Du Dich nun, werde ich mir meiner Werte bewusst? Wie kann ich meine Werte umsetzen und woher nehme ich die Kraft dazu?

Nimm Dir für den Anfang zwei bis drei Stunden Zeit für die Arbeit an Deinen Werten. Wenn Du einmal damit angefangen hast, wird Dich das Thema sowieso nicht so schnell wieder loslassen.

Schreib Deine Antworten und Erkenntnisse auf, nicht nur während der ersten Übung sondern auch in den kommenden Wochen. Durch die ausführliche Selbstreflexion wirst Du spannende Aha-Momente erleben und allmählich ein klares Bild Deiner Wertvorstellungen zusammentragen.

Es gibt eine einfache Übung, um Deine inneren Werte sichtbar zu machen:

Stell Dir Deine Beerdigung vor. Das ist gar nicht so makaber, wie Du zunächst glaubst, denn Du bist in diesem Gedankenexperiment nach einem langen und erfüllten Leben friedlich eingeschlafen.

Natürlich wird einer Deiner nächsten Angehörigen eine berührende Rede halten und Deine wichtigsten Charaktereigenschaften hervorheben – da sind sie, Deine Werte.

Wenn Du mehrere Lebensbereiche einzeln betrachten willst, zum Beispiel deine Familie, Deine Arbeit oder Deine Beziehung, dann lass aus jedem Bereich eine andere Person zu Wort kommen – rein gedanklich natürlich.

Auch die intensive Beschäftigung mit den folgenden Fragen bringt Dich deinen Wertvorstellungen näher:

- Was möchtest Du erreichen?
- Was sind deine Leidenschaften?

- Wofür kämpfst Du?

- Was treibt Dich an?

- Über was regst Du Dich auf?

- Wenn Du König von Deutschland wärst, welche drei Dinge würdest Du zuerst ändern?

- Was fehlt der Welt?

Da es manchmal gar nicht so leicht ist, die passenden Worte zu finden, kannst Du Dir im Internet ganze Wertlisten ansehen, die der bei der Wahl der richtigen Begriffe sicher weiterhelfen. Versuch es aber anfangs ohne Hilfestellung und wähle nicht einfach nur solche Wort aus, die sich gut anhören. Sei immer ehrlich mit Dir selbst!

Mit einer einfachen Liste ist die Arbeit noch nicht getan. Als nächstes legst Du fünf bis zehn Werte fest, die Dir persönlich am wichtigsten sind und listet sie auf einem neuen Blatt Papier auf. Überlege dann für jeden einzelnen Begriff, wie Du ihn am besten für Dich definieren kannst. Was andere Leute denken, ist dabei völlig egal, es geht einzig um Dein persönliches Verständnis dieses Wertes.

- Woher kommt dieser Wert?

- In welchen Bereichen Deines Lebens ist dieser Wert für Dich von besonderer Bedeutung?
- Wie setzt Du ihn um?
- Was fühlst Du, wenn Du oder jemand anderes diesen Wert missachtest?

Schreib Deine Antworten auf, klar verständlich und am besten mit Beispielen aus Deinem Leben. Du musst hier keine hoch philosophische Arbeit abliefern.

Nun geht es darum, Deine Werte hierarchisch anzuordnen. Das ist keine leichte Übung und vielleicht brauchst Du sogar einige Tage, bis Du Dein persönliches Wertesystem aufgestellt hast. Wenn Du Dich überhaupt nicht entscheiden kannst, räume zwei Werten die gleiche Priorität ein.

Bevor es weitergeht, unterziehst Du Deine Werte einem Test, um herauszufinden ob es sich wirklich um ganz allein Deine Werte handelt. Dazu beantwortest Du die folgenden Fragen:

- Sind Deine Werte aus einer inneren Motivation heraus entstanden oder kommen sie von außen? Wenn Du das Wörtchen "sollte" darin entdeckst, sind es nicht Deine Werte.
- Ist einer Deiner Werte nur ein Mittel, um einen anderen Wert zu erreichen? Ist Dir beispielsweise

Minimalismus wichtig, weil Du glaubst nur dadurch Unabhängigkeit erlangen zu können, dann ist Unabhängigkeit der Wert, denn Du mehr wertschätzt. Denk dran, es gibt viele Wege, ein Ziel zu erreichen.

- Spiegeln sich Deine Werte in Deinen Taten wider?

- Würde es Dich stolz machen, jemand anderem Deine Liste zu zeigen? Wenn Du diese Frage ehrlich bejahen kannst, dann solltest Du genau das tun. Denn so aufschlussreich diese Übung auch sein mag, viele Menschen tendieren trotzdem dazu, es sich bequem zu machen oder aber sie übernehmen Fremdwerte, ohne sie zu hinterfragen. Darum kann es Dir helfen, Deine hierarchisch geordneten Werte mit einem guten Freund oder einer anderen Vertrauensperson zu diskutieren. Wichtig ist, dass Dein Gesprächspartner Dich gut kennt und Dich ehrlich kritisieren kann.

Deine auf Herz und Nieren geprüften Werte darfst Du Dir jetzt aber nicht hübsch einrahmen und dann vergessen – jetzt geht es an ihre Umsetzung! Überlege Dir zunächst einmal, in welchen Situationen Du die Werte aus Deiner Liste wirklich gelebt hast. Wie hast Du Dich in jenem Moment gefühlt?

Welche Werte hast Du bisher noch nicht umgesetzt? Warum nicht?

Konzentrier Dich zunächst nur auf einen Bereich im Leben und auf die Wertvorstellung, die Deine Liste anführt. Was kannst Du konkret tun, um sie in den Leben zu integrieren? Mal Dir die Situation in allen Einzelheiten aus!

Je mehr Du Dich mit Deinen Wertvorstellungen beschäftigst, desto mehr beginnst Du über die Wertvorstellungen Deiner Mitmenschen nachzudenken. Was bewegt sie wohl zu ihren Handlungen? Welche Werte könnten ihnen wichtig sein? Stimmen sie mit Deinen überein?

Auf einmal fällt es Dir viel leichter, Empathie für andere Menschen zu empfinden und so trägst Du einen kleinen Teil zu einem besseren und verständnisvolleren Miteinander bei.

Sich intensiv mit seinen Wertvorstellungen auseinanderzusetzen, ist eine Voraussetzung für ein glückliches und erfülltes Leben. Sei mutig genug, gesellschaftliche Normen abzustreifen und ganz allein für Dich herauszufinden, welche Eigenschaften Du wertschätzt.

Übrigens ist Dein Wertesystem kein statisches Konstrukt, sondern veränderbar. Einschneidende Erfahrungen und Erlebnisse können die Gewichtung Deiner Werte verschieben oder die Liste um neue Wertvorstellungen ergänzen.

Schritt 5: Lebe authentisch!

Sei Du selbst! Alle anderen sind bereits vergeben.
– Oscar Wilde

Eigenliebe ist monogam: Du musst Dir selbst treu bleiben, sonst klappt es nicht.

In diesem Kapitel soll es nun darum gehen, wie Du alles, was Du bis jetzt gelernt hast, leben kannst. **Ganz echt, ganz konkret! Deine Selbstliebe lebt von Taten und nicht von Worten** und Du kannst es sicher kaum erwarten, endlich loszulegen.

Menschen, die sich selbst treu sind, nehmen wir als authentisch wahr.

Laut Wikipedia ist eine Person authentisch, deren *Handeln nicht durch äußere Einflüsse bestimmt, sondern in der Person selbst begründet liegt*. Sie trägt keine Maske und verbiegt sich nicht nach den Vorstellungen anderer, sondern ist komplett und ehrlich sie selbst.

Sie ruht in sich und strahlt Gelassenheit aus, weil sie ihre Stärken und Schwächen annimmt und zu sich steht. Sie liebt sich.

Und Du bist auf dem besten Weg dorthin, das auch zu tun. Du hast Dein Wesen, Deine Emotionen,

Bedürfnisse und Werte ergründet. Du bist Dir selbst auf den letzten Seiten schon sehr viel näher gekommen. Jetzt wird es Zeit!

Du hast Dich für die Selbstliebe entschieden und dafür, Deine Wahrheit zu leben. Bereite Dich darauf vor, dass nicht jeder aus Deinem Freundes- und Bekanntenkreis damit umgehen kann und auch Dein Ruf wird sich möglicherweise verändern. Nicht jeder besitzt eben die Stärke, einem ehrlichen Menschen mit Ecken und Kanten zu begegnen. Lass die Personen gehen, die Deine wirkliche Person nicht aushalten, denn sie haben Dich nie gekannt und Du brauchst ihre Zuneigung nicht mehr.

Freue Dich über die wahren Freunde, denn das sind die, die bleiben.

Nimm die Maske ab!

Unseren Arbeitskollegen zeigen wir ein anderes Gesicht, als unserem Partner oder den Eltern. **Hör auf damit!** Finde den Mut dazu, jedem **Dein wahres Ich** zu zeigen. Du wirst schnell erkennen, dass Du Dich nur mit den Menschen wohlfühlen kannst, die Dich ohne Maske kennen. Sei mutig, trau Dich raus und probiere aus, wie es sich anfühlt, **unverfälscht Du zu sein**!

Selbstliebe ohne die Begegnung mit anderen Menschen ist nichts als Illusion. Du brauchst das Feedback! Mit jedem Menschen, dem Du Dich selbst zeigst, wächst letztendlich Dein Verständnis für Dich selbst. Worauf wartest Du noch?

Hör auf Dein Bauchgefühl!

Bestimmt hast Du auch schon die Erfahrung gemacht, dass Deine Intuition in vielen Fällen Recht hat. Das Bauchgefühl steht zwar im zweifelhaften Ruf, rein emotionaler Natur und eigentlich vollkommen unzuverlässig zu sein, doch das ist es gar nicht. In Deinem Unterbewusstsein sind Unmengen an Informationen, Erfahrungen und Erinnerungen gespeichert und derer bedient sich das Bauchgefühl bei der raschen Entscheidungsfindung. Natürlich kann sich Deine Intuition genauso irren, wie Dein Verstand, dieses Risiko besteht immer.

Sei ehrlich!

Dir selbst treu zu sein bedeutet ehrlich zu sein. Ehrlich in Deinen Worten und in Deinen Taten. Natürlich heißt es zunächst einmal, dass Du andere Menschen und Dich selbst nicht belügen sollst. Klar, kleine Notlügen rutschen uns schnell mal heraus und wenn Du einen Tag lang versuchst, ausschließlich die Wahrheit zu sagen, wirst Du Dich wundern, wie schwierig das ist. Sei auch ehrlich zu anderen Menschen und erzähle ihnen nicht nur, was sie von Dir hören wollen.

Sei auch ehrlich in Deinem Handeln und steh für Deine Werte ein. Wenn Du vegan lebst, kannst Du keine Lederfabrik managen. Eine Band wird niemals Musik spielen, die sie gar nicht mag. Zieh Konsequenzen, wenn es sein muss, aber das ist eben der Preis des authentischen Lebens.

Bitte um Hilfe, wenn Du sie brauchst.

Als authentischer Mensch bist Du Dir Deiner herrlich nicht perfekten Menschlichkeit bewusst und stehst dazu. Du kannst nun mal nicht alles wissen oder tun, also sei auch nicht zu stolz, um nach Hilfe zu fragen oder welche anzunehmen.

Baue langfristige Beziehungen auf und pflege sie!

Umgib Dich mit den richtigen Menschen. Menschen, die sind wie Du und die gleichen Werte leben, wie Du. Menschen, mit denen Du wachsen kannst. Pflege Beziehungen, in denen gegenseitiges Vertrauen und Respekt herrschen. Dazu brauchst Du viel Zeit und Geduld, doch es wird sich lohnen!

Soforthilfe: 10 Möglichkeiten, Dich zu lieben.

Für viele der Übungen und Gedankenexperimente in diesem Buch brauchst Du Zeit. Und natürlich brauchst Du die auch, wenn Du lernen willst, Dich zu lieben. Jede Liebe muss wachsen und Selbstliebe ist da keine Ausnahme. Es gibt jedoch ein paar kleine Dinge, die Du ab heute jeden Tag tun kannst, um Dir täglich Deine Liebe zu beweisen. Sie sind ein guter Start in Deine brandneue Beziehung zu Dir selbst:

1. Ernähre Dich gesund und mit wertvollen Lebensmitteln, die Deinem Körper und Deiner Seele gut tun. Wenn Deine Seele nach Schokoladeneis schreit, dann beschenke Dich damit.

2. Bewege Deinen Körper, und zwar nicht um ihn zu bekämpfen, sondern um der Lust an der Bewegung willen. Finde heraus, welche Sportart Dir gut tut oder probiere etwas Neues aus.

3. Praktiziere Dankbarkeit und finde jeden Tag etwas, wofür Du dankbar bist.

4. Hör auf Dich mit anderen Menschen zu vergleichen und erfreue Dich an Deinen großen und kleinen Macken – sie machen Dich einzigartig.

5. Umgib Dich mit guten Freunden und verbringe Zeit mit ihnen.

6. Erschaffe ein Ritual der Selbstliebe und zelebriere es täglich.

7. Nimm Dir jeden Tag eine kurze Auszeit. Schalte alle Ablenkungen ab (Internet, Telefon, Fernseher) und achte einfach nur auf Deinen Atem.

8. Sei freundlich und behandle Deine Mitmenschen so, wie Du es Dir auch von ihnen wünschst.

9. Wenn Du "nein" meinst, dann sag auch "nein".

10. Schreib Deine Gedanken auf, zum Beispiel in einem Tagebuch.

Selbstliebe in der Praxis

Du hast jetzt einen großen Schritt geschafft. Deine Liebe zu Dir selbst wird inzwischen gewachsen sein und ist stabiler als vorher. Genieße das Gefühl und lass es nicht mehr los. Wenn jeder Mensch sich selbst genug liebt, ist das eine Garantie für Glück und Harmonie. Doch leider begegnen wir im Alltag immer wieder Menschen und Situationen, die unsere Selbstliebe angreifen können.

Meist geht es darum, spontan und schnell zu reagieren, ohne gleich wieder in die alten Muster zu verfallen. Wie es Dir gelingt, die passenden Worte und Verhaltensweisen zu finden, wenn Deine Selbstliebe auf den Prüfstand gestellt wird, wirst Du in diesem Kapitel lernen.

Vorher solltest Du Dir noch verdeutlichen, dass niemand Dich persönlich meint, wenn er nicht gut mit Dir umgeht. Eine wichtige Erkenntnis, die Dir bei der Umsetzung Deiner Liebe zu Dir selbst helfen kann ist, dass unsere vermeintlichen Widersacher nicht aus einer bestimmten Abneigung gegen uns agieren. Eher liegt ihr Verhalten daran, dass ihnen selbst noch viel Selbstliebe fehlt. Sie sehen bei Dir etwas, was ihnen fehlt. Du weist sie auf dieses Defizit hin. Es tut ihnen weh, ihre eigene Unzulänglichkeit zu erkennen. Sie werden durch Dich verunsichert, denn Du scheinst zu schaffen, was ihnen nicht gelingen will. Das macht Angst und schafft Unsicherheit.

Bleibe also freundlich und geduldig. Denn Deine Freundlichkeit wird sie beruhigen und Du selbst gewinnst immer mehr innere Ruhe. Wer anderen gegenüber negativ auftritt, zeigt damit seine eigenen inneren Widerstände, sonst nichts.

Manche Zeitgenossen versuchen, eine Augenhöhe dadurch zu erreichen, dass sie andere herunterziehen. Ohne Arroganz zu zeigen, darfst Du hier einfach Abstand halten. Du musst Dir nicht schaden lassen. Wenn Du Dich liebst, wirst Du lächelnd das Gespräch verlassen. Es gibt für Dich nichts zu tun, während ein Gegenüber mit seinen eigenen inneren Konflikten beschäftigt ist. Deine Umgebung braucht Zeit, Dich neu kennenzulernen. Sie haben sich an Dein altes Ich gewöhnt und müssen Dich neu erleben und erfahren. Sie wollen Dich so behalten, wie sie Dich gewöhnt waren. Gib ihnen Zeit.

Meist sind es ganz bestimmte Zusammenhänge, die uns dazu bewegen, von der Selbstliebe wieder abzurücken und unser eigenes Glück nach hinten zu stellen. Hier geht es um Abhängigkeiten, die wahrscheinlich gar nicht bewusst sind. Gerade deshalb ist ihre Wirkung umso erfolgreicher.

Wenn Du in Dich hineinhorchst, wirst Du feststellen, dass zwei Komponenten immer zu Deinem Leben gehören. Die erste dieser beiden ist die Verbundenheit mit anderen Menschen. Niemand fühlt sich gern allein, einsam oder isoliert. Die zweite Komponente ist das

Wachstum. Menschen werden gern größer, stärker oder erfolgreicher. Unser tägliches Leben kann viele Geschichten davon erzählen. Wir haben Wünsche und Sehnsüchte, die uns immer wieder antreiben. Wenn diese beiden wichtigen Aspekte nicht mehr gegeben sind, werden Menschen seelisch krank. Die Vorstellung, allein zu sein und gleichzeitig auch keine Chance mehr auf Wachstum zu haben, versetzt jeden Menschen in Angst und Schrecken. Deshalb sorgt das Unbewusste dafür, dass Verbundenheit und Wachstum für uns bestehen bleiben. Schon wenn einer dieser beiden Aspekte zu schwinden droht, reagieren wir mit Angst. Wir klammern uns fest und wollen kein Risiko eingehen.

Niemand weiß, was die Zukunft bringt. Hier bedeutet Selbstliebe auch Vertrauen. Wenn etwas endet, beginnt etwas Neues. Dieses Grundvertrauen wird Dir leichter fallen, wenn Du Dir bewusst machst, wie viele gelungene Abschiede und Neuanfänge Du in Deinem Leben bereits gemeistert hast. Du bist von der Schule ins Arbeitsleben, von der Kindheit ins Erwachsenenalter gekommen und es war gut, oder? Wage das Ende, wenn es sein muss, ein Anfang folgt auf dem Fuße.

Wenn die Selbstliebe zu wanken beginnt, dann meistens, wenn Verbundenheit oder Wachstum in Gefahr geraten. Das kann im privaten und im beruflichen Bereich gleichermaßen der Fall sein.

Betrachten wir zuerst den privaten Bereich. Hier geht es stark um die Verbundenheit. Partner, Kinder und

Freunde stellen unser Bedürfnis danach zufrieden, der Einsamkeit zu entgehen und Ansprechpartner zu haben. Du wirst einige Menschen in Deinem Umfeld haben, deren Gegenwart und Rat Du sehr zu schätzen weißt. Unser Umfeld ist wichtig, damit wir Anerkennung und Zuwendung erfahren. Wir wollen dazu gehören, der Mensch ist kein Einzelgänger. Vertraute Menschen erfüllen eine sehr wichtige Aufgabe im Leben. Diese Menschen sind Dir wichtig und das ist gut so. Es ist vollkommen gesund, stabile soziale Beziehungen zu pflegen. Beziehungen sind etwas, was Menschen sich gönnen, die sich selbst lieben können.

Kritisch wird es, wenn die Kontakte daran gebunden sind, wie viel Du zu leisten bereit bist und wie hoch Dein Einsatz für die Beziehung sein soll. Wahrhafte menschliche Bindungen brauchen keine Verhandlungen und keine Leistung.

Du selbst liebst Dich, weil Du bist, wie Du bist. Du liebst Deine Stärken und Deine Schwächen. Du kannst Dir verzeihen und Du hast Geduld mit Dir. Du forderst Dich und kannst Dir selbst Anerkennung geben. Diesen Umgang darfst und solltest Du auch von anderen Menschen erwarten.

Selbstliebe in Deiner Partnerschaft

Wenn ein Partner, mit dem Du eine glückliche Beziehung pflegst, viel von Dir verlangt, ist das noch nicht unbedingt ein Problem. Manche Paare leben auf einem hohem Niveau. Dann sind beide Partner bereit, sehr viel für die Beziehung zu tun. Wenn beide sich einig sind und die Beziehung gemeinsam pflegen, ist das eine gute Einstellung.

Oft schleichen sich aber Gewohnheiten ein, die der Selbstliebe gefährlich werden können. Manche Partner erwarten, dass der andere mehr einbringt als er selbst.

Das ist zum Beispiel der Fall, wenn der Partner in Eurer Freizeit immer bestimmt, wie Ihr die gemeinsame Zeit verbringt. Bisher hast Du vielleicht gern Kompromisse gemacht und Deine eigenen Bedürfnisse nach hinten gestellt. Die gemeinsame Zeit war Dir wichtiger. Das geht vielen Menschen so. Nun willst Du dieses Programm beenden und Deine Liebe zu Dir selbst sagt Dir, dass in eurer Beziehung auch Deine Bedürfnisse befriedigt werden müssen.

Bisher wusste Dein Partner oder Deine Partnerin vielleicht gar nicht, wie stark Du Dich für Eure Zweisamkeit einschränkst. Er wird erst aus allen Wolken fallen und sich vielleicht sogar angegriffen fühlen. Das ist eine verständliche Reaktion, denn Deine Veränderung ist für ihn überraschend. Er wird verunsichert sein. Woher die plötzliche Veränderung kommt, kann er nicht ahnen. Seine gewohnte Behaglichkeit ist in Gefahr, deshalb wird er Deine neuen Impulse wahrscheinlich nicht gleich begeistert aufnehmen.

Das bedeutet nicht, dass Du ihn schonen sollst. Aber erwarte nicht von einem anderen, dass er sofort realisiert, wofür Du Dein gesamtes bisheriges Leben gebraucht hast. Fall nicht gleich mit der Tür ins Haus. Zur Selbstliebe gehört auch, nicht mit der Brechstange das Leben zu verändern. Es könnte nach hinten losgehen und das willst Du sicher nicht. Dich selbst zu lieben ist auch ein Auftrag an Dich selbst, Veränderungen zu Deinem Wohl liebevoll und mit Bedacht anzustoßen.

Beginne einfach damit, Deine Bedürfnisse zu äußern. Manchmal reicht es schon, den anderen darauf hinzuweisen, dass er die letzte Begegnung bestimmt hat. Kleine Hinweise bewirken manchmal Wunder. Die Voraussetzung ist, wie Du weißt, dass Du Dich äußerst, sonst kann Dein Gegenüber nicht auf Dich eingehen.

Wenn das allein nicht reicht, brauchst Du eine Strategie. Zeige dem anderen, dass Du zu Deinen Bedürfnissen stehen kannst. Plane die Aktion, die Dir wichtig ist, entweder für Dich allein oder schlage Deinem Partner vor, für ein paar Stunden getrennte Wege zu gehen. Wahrscheinlich wird das reichen, um seine oder ihre Aufmerksamkeit zu gewinnen. Wenn Du Deine eigenen Vorstellungen nicht in die Tat umsetzt, nimmt der andere Dich nicht ernst. Nach einigen Situationen, die Du auf diese Art gestaltet hast, hat sich Euer Miteinander vielleicht bereits verändert und Du hast Deine Beziehung mit Selbstliebe bereichert.

Wenn es nicht so glatt läuft, dann musst Du damit rechnen, dass Dein Schatz seine Vormachtstellung nicht so leicht hergeben will. Je länger Du Dich schon untergeordnet hast, umso schwieriger wird die Veränderung. Jetzt schlägt das Unbewusste zu. Du willst Deinen Partner nicht verlieren, weil Verbundenheit zu den Grundbedürfnissen gehört. Also besteht die Gefahr, dass Ihr vielleicht streitet und Du am Schluss doch nachgeben willst. Damit gibst Du die Selbstliebe auf und verwechselst sie mit Hingabe an die Beziehung.

Hier ist Stärke gefordert. Bleibe bei Deinen Vorstellungen und gehe keinen Schritt weiter auf Deinen Partner zu als bis zur Mitte. Schlage konstruktive Veränderungen vor. Die könnten darin bestehen, immer abwechselnd die Inhalte der gemeinsamen Zeit auszuwählen. Oder es findet sich ein Kompromiss. Zwischen dem großen Essen im Sterne–Lokal und der Pizza zuhause liegt der Besuch eines guten, nicht zu abgehobenen Restaurants.

Kompromisse sind nicht immer Rückschritte. Sie können auch den Horizont erweitern und es macht Freude, etwas Neues zu zweit zu entdecken. Wichtig ist, dass Du Dir treu bleibst.

Wenn der Kompromiss nicht möglich ist, dann mach das, was Dir wichtig ist. Erkläre Deinem Partner in aller Ruhe, wie wichtig es für Dich ist, dass Eure

Vorstellungen gleichberechtigt sind. Bleibe dabei ruhig und standhaft.

Dein Partner hat auch Angst vor dem Verlust der Verbundenheit. Schenk ihm die gleiche Achtsamkeit wie Dir selbst. Das Geheimnis des Glücks durch Selbstliebe liegt in der Verbundenheit mit allem Leben.

Wer sich selbst liebt, liebt auch andere. Liebe ist nicht zu begrenzen und die Liebe, die Du Dir selbst geben kannst, erreicht auch für Deine Mitmenschen.

Wenn Eure Beziehung auf einer guten Basis aufgebaut ist, wird der Partner sich zukünftig weniger dominant verhalten. Erwarte am Anfang nicht zu viel. Gib ihm die Möglichkeit, Deine neue Selbstliebe Schritt für Schritt zu begreifen. Es hat ja auch einige Zeit gedauert, bis Du sie für Dich erarbeitet hast. Schließlich wird Deine Selbstliebe einer beglückenden Zweisamkeit nicht im Weg stehen.

Ein Partner, der Dir gut tut, gehört ja wahrscheinlich zu den Bedürfnissen, die Du Dir befriedigen möchtest. Es ist nur ein wenig Arbeit notwendig, um Deinem Partner zu zeigen, dass Du Dich verändert hast. Vergiss aber bitte nicht, geduldig zu sein. Denn auf den falschen Weg hast Du ihn gebracht, als Du Dich noch nicht gut um Dich selbst gekümmert hast.

Selbstliebe und Freundschaften

Ein anderes privates Feld wird von Freunden besetzt. Gute Freunde sind wichtig, um sich geborgen zu fühlen und Lebensfreude zu empfinden. Ein Mensch ohne Freunde ist ein sehr einsamer Mensch. Es ist aber durchaus möglich, dass auch Deine Freunde irritiert auf Deine eigene Entwicklung reagieren.

Warst Du vielleicht immer der hilfsbereite Mitmensch, mit dem man Pferde stehlen konnte? Vielleicht hattest Du immer gute Laune oder ein offenes Ohr für die Sorgen Deiner Freunde?

Die meisten Menschen nehmen in Beziehungen Rollen ein, die ihnen die Verbundenheit garantieren sollen. Nun ist damit Schluss, Du liebst Dich viel zu sehr, um eine Rolle zu spielen.

Du hast den Weg zu einer authentischen Persönlichkeit beschritten und willst um Deiner selbst willen geliebt werden. Damit stehen Freundschaften auf dem Prüfstand.

Bei Freundschaften kann leider nicht die gleiche Strategie genutzt werden wie bei Liebesbeziehungen. Leider werden Freunde häufig ersetzt und gerade in einer Clique aus mehreren kann es vorkommen, dass Deine Freunde die Lücke, die Du hinterlassen könntest, allzu schnell zu schließen bereit sind. Das liegt daran, dass es in Gruppen oft festgeschriebene Rollen gibt, die wichtiger sind als die Personen selbst.

Je größer der Freundeskreis, umso größer ist die Gefahr, dass Deine Freunde Dich in Deiner Veränderung eher ablehnen als begleiten. Jetzt hilft nur, wie auch in Deiner Partnerschaft, Dir selbst treu zu bleiben. Vielleicht musst Du damit leben, Dir neue Freunde zu suchen. Freunde sind Wahlverwandtschaften und Lebensbegleiter. Manche eine lange Zeit, andere eher für eine kürzere Zeit. Aber diese Wahlverwandtschaften bieten keine Garantie auf lebenslangen Bestand.

Deine Freunde haben einen großen Anteil an Deiner Veränderung. Auch wenn Eure Wege sich trennen, sei ihnen dankbar. Jeder Mensch, der uns in der Vergangenheit begleitet hat, trägt Anteil daran, dass wir heute sind, wie wir sind. Sei dankbar für die vielen schönen Stunden, die Du mit Deinen Freunden verbringen konntest, auch wenn Deine aktuellen Veränderungen nicht mehr zu Eurer Freundschaft passen.

Und sei offen, liebe Dich selbst, während Du Dich auf den Weg machst, neue Kontakte zu knüpfen.

Selbstliebe in der Familie

Die eigene Familie spielt eine große Rolle im Leben eines Menschen. Sie stellt das Nest dar, in dem wir Geborgenheit und Annahme zu finden hoffen. Doch auch Du wirst wissen, dass es in der Praxis oft anders aussehen kann. Auch Familienmitglieder wie die Eltern, Geschwister und sogar die eigenen Kinder stellen Ansprüche an Dich. Sie erwarten, dass Du diese Ansprüche erfüllst. Du warst doch bisher immer voller Verständnis und Hilfsbereitschaft. Plötzlich sagst Du „Nein“, wenn Du um etwas gebeten wirst oder Du stellst Ansprüche an die anderen, weil Du Deine eigenen Bedürfnisse kennst und befriedigt wissen willst.

Das führt fast immer zu Komplikationen im familiären Umfeld. „So kenne ich Dich gar nicht“, ist eine Aussage, die Du vielleicht schon gehört hast.

Das familiäre Umfeld will niemand verlieren. Kontakt zu Eltern und Kindern ist wichtig, denn man fühlt sich schnell als schwarzes Schaf, wenn man zu Familienfeiern nicht mehr eingeladen wird oder bei der Hochzeit der Schwester am Katzentisch sitzen muss.

Hier gilt, Stärke zu beweisen und in der Selbstliebe zu bleiben. Verwandtschaftsverhältnisse bleiben ein ganzes Leben lang bestehen. Niemand kann sie kündigen. Aus dieser Sicherheit heraus kannst Du auf Deiner Linie bleiben.

Bleib Deiner Familie gegenüber liebevoll. Und liebe Dich im Umgang mit ihnen auch selbst. Sie haben keine Wahl. Wenn sie entscheiden, Dich zu meiden, dann nutze die Zeit, die dadurch für Dich entsteht, um Dir etwas Gutes zu tun. Lass nicht zu, dass Dich andere Menschen emotional unter Druck setzen.

Du gehörst dazu, lass Dir nichts anderes erzählen. Du weißt, Du bist liebenswert. Das erkennt nicht jeder Mitmensch, aber das ist auch nicht nötig. Es wird genug Menschen geben, die Dir Deine Selbstliebe spiegeln und Dich lieben.

Selbstliebe am Arbeitsplatz

Der Arbeitsplatz ist ein sehr wichtiger Bereich im Leben. Es gehört zur Selbstachtung und damit auch zur Selbstliebe, eine Tätigkeit zu haben, die sinnvoll ist. Außerdem sind die meisten Arbeitsplätze Orte des sozialen Kontaktes.

Aus diesem Grund haben viele Menschen Angst, den Arbeitsplatz zu verlieren. Neben der Verbundenheit zu Kunden, Kollegen und Vorgesetzten garantiert der Arbeitsplatz das zweite wichtige Bedürfnis im Leben des Menschen. Der Arbeitsplatz garantiert Wachstum.

Im Beruf kannst Du Deine Kompetenzen erweitern und Geld verdienen. Du merkst, dass Du mit jedem Berufsjahr besser wirst. Jede Aufgabe, die Du erfüllt hast, stärkt Dich. Die beruflichen Erfolge spielen eine bedeutende Rolle bei der Selbstliebe. Doch das Arbeitsleben ist kein Ponyhof. Es wird gemobbt und überfordert, Stellen werden gestrichen, Überstunden gefordert. Es hat mitunter den Anschein, dass ein Mensch seine Selbstliebe aufgeben muss, um einen Arbeitsplatz zu haben.

Kennst Du das Gefühl, vom Wohlwollen anderer abhängig zu sein, obwohl Deine Leistung gut ist? Viele Menschen leiden unter unmenschlichen

Arbeitsbedingungen. Lass Dich nicht ins Boxhorn jagen. Bleib in der Selbstliebe und gestalte Dein Berufsleben aktiv. Wahrscheinlich brauchst Du hin und wieder Kraft und Mut, um Dich liebevoll zu schonen, wenn es auf der Arbeit wieder besonders heiß hergeht. Doch diese Kraft kannst Du Dir mit einem simplen Plan sichern. Schreibe regelmäßig Bewerbungen und mach Dir Deinen Marktwert klar. Wenn Du weißt, dass Dir nicht Arbeitsplatzverlust, sondern höchstens ein Wechsel des Jobs droht, kannst Du sicherer auftreten. Lass Dich nicht zum Deppen der Firma machen, weil Du Angst hast.

Erkenne, was Dich belastet und sprich mit Deinen Vorgesetzten darüber. Ihr werdet einen guten Kompromiss finden, wenn Du ehrlich und authentisch bleibst. Deine Selbstliebe sollte größer sein als Deine Angst vor Arbeitslosigkeit.

Das ist das Geheimnis, wenn Du Dich selbst liebst. Diese Liebe, mit der Du Dich selbst behandelst, findet nicht nur statt, wenn Du allein bist. Gerade, wenn andere Menschen an Dir nagen und Selbstzweifel säen, kannst Du testen, wie sehr Deine Liebe zu Dir selbst an Stabilität und Kraft gewonnen hat.

Nicht nur Vorgesetzte, auch Kollegen greifen manchmal zu unfairen Tricks. Es fühlt sich nicht gut an, wenn hinter dem Rücken getuschelt wird oder wenn Du von Gesprächen ausgeschlossen wirst. Diese unschönen Erfahrungen macht jeder, der seine Liebe zu sich selbst ausleben will.

Auch hier hilft wieder eine gesunder Abstand. Unsichere Menschen brauchen ein Feindbild. Das könnte jeder sein und ist in den meisten Fällen nicht persönlich gemeint. Bau Die einen Nothilfeplan. Nimm ein Buch mit, das Du in der Pause lesen kannst, wenn Du isoliert bist. Und wenn Deine Kollegen ihr unfaires Spiel nicht nach kurzer Zeit aufgeben, liebe Dich selbst genug, um einen neuen Arbeitsplatz zu suchen. Niemand muss sich schlecht behandeln lassen.

Das ist eine simple aber immer gültige Weisheit. Mach sie zu Deiner inneren Überzeugung und lebe danach. Wer sich selbst lieben kann, ist unabhängig von der Anerkennung anderer. Diese Stärke ruft Neid hervor. Hier stimmt der alte Spruch: Neid muss man sich verdienen.

Selbstliebe im Alltag ist eine Trainingsfrage. Neue Muster werden sich durch Wiederholungen festigen. Doch es braucht eine Weile, bis das Unbewusste die alten Muster nicht mehr ständig aktiviert.

Es erfordert einige Beharrlichkeit, die ausgetretenen Pfade durch neue Wege zu ersetzen. Und Du wirst Dir einen Weg bahnen müssen, auf dem noch nie ein Mensch vor Dir war. Dein Lebensweg ist nur für Dich bestimmt. Niemand ist bisher in Deinen Schuhen gelaufen, niemand kennt Dich wie Du selbst.

Es gibt kein „falsch" oder „richtig", es gibt nur Authentizität. Niemand, außer Deiner inneren Stimme kann Dir einen Rat geben. Das macht den Weg zu einer stabilen Selbstliebe so spannend. Er ist das größte Abenteuer, das ein Mensch erleben kann. Eines Tages wird die Selbstliebe in jeder Situation die Führung übernehmen. Jede neue, gemeisterte Aufgabe ist ein Schritt in die richtige Richtung. Und wenn es einmal nicht geklappt hat, sei gnädig mit Dir selbst. Verzeih Dir und nimm Dir vor, es beim nächsten Mal besser zu machen.

Es braucht seine Zeit, neue Formen des Umgang einzuüben. Und wer sich liebt, gibt sich diese Zeit.

Nimm Dir auch ruhig einige Vorbilder als Lehrer. Viele Menschen sind als Meister der Selbstliebe in unser Bewusstsein geraten. Dazu gehören sicher der Dalai Lama und Jesus von Nazareth. Auch Anselm Grün und Mutter Theresa dürfen hier genannt werden. Dir fallen sicher noch weitere Beispiele ein. Menschen, die Gutes tun, tun es generell, für sich und andere. Wer sich opfert, hat Liebe nicht verstanden. Die genannten Persönlichkeiten haben nicht ihr letztes Hemd gegeben. Sie haben auf sich geachtet und sich und ihre Überzeugungen geliebt und gelebt. Mahatma Gandhi hat einen sehr schönen Satz zu diesem Thema formuliert, der hier als Anschluss dienen soll: „Du und ich: Wir sind eins. Ich kann dir nicht wehtun, ohne mich zu verletzen." Aus der Weisheit dieser Worte resultiert wahre Liebe, die sich auf Dich und Deine Umgebung bezieht.

Schlusswort

Vielen Dank dafür, dass Du dieses Buch erworben und durchgelesen hast. Ich hoffe wirklich, dass es Dich zum Nachdenken gebracht und neugierig gemacht hat auf den Menschen, der Dich jeden Morgen aus dem Spiegel heraus anguckt. Trau Dich und entdecke eine erfüllende Beziehung, die alles, was Du bisher erlebt hast, in den Schatten stellen wird.

Ich wünsche Dir alles Gute auf Deinem Weg! Du bist ein wunderbarer Mensch und es ist unglaublich toll, dass es Dich gibt!

Urheberrechte

2.Auflage Januar/2018

Impressum einsehbar auf :

tbreise.buch-autoren.de

Email Newsletter

Anmeldung per Email um über Neuerscheinungen und News informiert zu werden, bitte eine Email an newsletter@tbreise.buch-autoren.de senden.

Gratis Ebook zum schmökern

Hier ist der Link zu einem meiner Ebooks, dass nach eintragen in meiner Emailliste gratis heruntergeladen werden kann.

http://breiseebook.buch-autoren.de

11655027R00052

Printed in Germany
by Amazon Distribution
GmbH, Leipzig